◆印は不明確な年号、ころの意味です。

文化	世界の動き	西暦
		1880
1885 坪内逍遙『小説神髄』		
1887 二葉亭四迷『浮雲』		
1892 黒岩涙香『萬朝報』創刊		
1897 豊田佐吉、木製動力織機完成		
1898 岡倉天心、日本美術院創立		
1901 高峰譲吉、アドレナリンを創製 与謝野晶子『みだれ髪』	1903 ライト兄弟、飛行機を発明	1900
1903 小学校国定教科書令公布 長岡半太郎、原子核の存在を予見		
1905 夏目漱石『吾輩は猫である』 御木本幸吉、真円真珠の養殖に成功	1910 ファーブル『昆虫記』完結	
1915 森鷗外『山椒大夫』 芥川龍之介『羅生門』	1911 清＝辛亥革命 1912 中華民国成立	
1917 本多光太郎、ＫＳ磁石鋼を発明 ◆ 浅草オペラ時代はじまる	1914 第1次世界大戦（—1918）	
1918 新渡戸稲造、東京女子大学学長就任	1917 ロシア革命	
	1920 国際連盟成立	1920
1921 志賀直哉『暗夜行路』	1921 中国共産党成立	
1924 築地小劇場完成 メートル法使用はじまる		
1925 ラジオ放送はじまる		
1926 川端康成『伊豆の踊子』	1926 アムンゼン、北極横断に成功	
1929 島崎藤村『夜明け前』		
1933 尾崎士郎『人生劇場』	1929 世界恐慌はじまる（—1932）	
1935 川端康成『雪国』		
1936 牧野富太郎『牧野植物学全集』	1936 スペイン内乱（—1939）	
		1940

目　次

牧野富太郎	文・はやしたかし 絵・鮎川　万	6
豊田佐吉	文・浜　祥子 絵・木村正志	20
小泉八雲	文 有吉忠行　絵 渡辺勝巳	34
明治天皇	文 有吉忠行　絵 渡辺勝巳	36
高峰譲吉	文 有吉忠行　絵 渡辺勝巳	38
犬養毅	文 有吉忠行　絵 渡辺勝巳	40
小村寿太郎	文 有吉忠行　絵 渡辺勝巳	42
原　敬	文 有吉忠行　絵 渡辺勝巳	44
尾崎行雄	文 有吉忠行　絵 木村正志	46
御木本幸吉	文 有吉忠行　絵 渡辺勝巳	48
嘉納治五郎	文 有吉忠行　絵 木村正志	50
内村鑑三	文 有吉忠行　絵 岩本暁顕	52
新渡戸稲造	文 有吉忠行　絵 岩本暁顕	54
森鷗外	文 ワシオトシヒコ　絵 岩本暁顕	56
岡倉天心	文 有吉忠行　絵 木村正志	58
長岡半太郎と 本多光太郎	文 有吉忠行　絵 岩本暁顕	60
読書の手びき	文 子ども文化研究所	62

せかい伝記図書館 33

牧野富太郎
豊田佐吉

牧野富太郎
（1862 － 1957）

草や花や木を愛しつづけ、1000種におよぶ新種を発見して生涯を研究にささげた植物学者。

●いつも心には美しい花

　1949年のことです。87歳の牧野富太郎は、腸の病気にかかって、ある日、ついに呼吸がとまってしまいました。
　富太郎の枕もとに集まっていた人びとは、死をつげる医者の言葉を耳にして、だれもが、目がしらをおさえました。ところが、弟子のひとりが、この世の最期の水を富太郎の口にふくませようとしたとき、信じられないことがおこりました。とまってしまったはずの脈が動きだし、富太郎は生命をとりもどしたのです。そして、その日からしだいに回復にむかうと、やがて、ふたたび植物の研究に情熱をもやすようになりました。
　7年ののち、富太郎は、こんどはかぜをこじらせて、またも、重体におちいり、目をとじたままの日がつづくようになりました。すでに94歳です。家ぞくも弟子も「こ

んどは、もう……」と、あきらめかけました。ところが富太郎は、このときも元気をとりもどして、まもなく、楽しそうに植物の話をするようになったということです。
「わたしは、老人とよばれるのはいやだ。たとえ体は老いても、心は、いつも美しい花がまっさかりだ。きっと、120歳まで生きてみせるよ」

　日ごろ、このように語っていた富太郎の心には、いつになっても、植物研究の火が赤あかともえつづけていました。その心の火が、富太郎を、何度も生き返らせたのではないでしょうか。富太郎の体には、きっと、ふまれてもふまれても芽をだす雑草のような強い力が、ひそん

でいたのです。

●体にやどっていた植物の精

　　いつまでも生きて仕事にいそしまん
　　　　　　また生まれ来ぬこの世なりせば

　いつまでも長生きして、植物の研究にはげみたいものだ。一度死んでしまったら、二度と生まれてはこられない、この世だから……。富太郎は、こんな歌をよんでいます。でも、人間である以上、命に限りがあるのは、しかたのないことです。顔に深いしわをきざんだ富太郎は、1957年1月18日に、永遠の眠りにつきました。このとき富太郎を知るすべての人びとに「まるで、植物の神さまのような人だった」と、たたえられました。
　富太郎が元気なころに、こんな話が残っています。
　あるとき、弟子のひとりが、富太郎のところへ、へんな植物をもってきました。富太郎は、どんなにめずらしい植物でも、たちどころに、名まえをいいあてます。そこで「ひとつ、先生を困らせてみよう」と考えた弟子が、種類のちがう植物をうまくつなぎ合わせ、ひとつの標本のようにしてもってきたのです。でも、富太郎は、笑いながら、すぐに、見やぶってしまったということです。
　富太郎は、日本じゅうの植物のことを、ほんとうに神

さまのように、よく知っていました。しかも、ただ知っていたというのではなく、植物を、心から愛しました。
「わたしの父は、ふつうの人間というよりは、植物の精みたいな人でした。自分自身が、植物と一体だったのではないでしょうか。だから、父は死んでも、そのたましいは、おおくの植物とともに、いつまでも、いつまでも生きているような気がしてなりません」
　富太郎の娘の鶴代は、のちに、父のことをこのように語っています。そういわれてみると、年老いてからの富太郎は、いつも、まるで幼児のように、あどけなく笑っていました。植物とともに生きつづけた富太郎のからだ

のなかには、花の精、草の精、木の精が、やどっていたのかもしれません。

●両親を亡くし祖母の愛につつまれて

　世界にほこる植物学者、牧野富太郎は、明治時代が始まる6年まえに、いまの高知県高岡郡の佐川という町に生まれました。
　そのころの佐川は、まわりを山にかこまれ、美しい自然にめぐまれた、人口およそ5000人ほどの静かな町でした。町を、水のきれいな春日川がつらぬき、氏神さまをまつった町はずれの丘は、大きな森になっていました。
　幼い富太郎は、毎日のように、この森へ遊びに行きました。いつも、たったひとりでした。
　父も母も小さいときに亡くした富太郎は、体が弱かったせいもあって、友だちができませんでした。そのうえ、みんなから「西洋ハタットオ」とよばれて、からかわれてばかりいました。この地方ではバッタのことを「ハタットオ」とよんでいましたが、やせて、骨がでっぱっている富太郎の体つきは、どことなくバッタに似て、しかも、ふつうのバッタとは、すこしちがっていたからです。
　富太郎は、祖母の深い愛情につつまれ、たいせつに育てられました。このころの牧野家は、岸屋という、大き

なつくり酒屋でしたが、祖母にとって富太郎は、この酒屋と、牧野家のあとをつがせる、たったひとりの、まごだったのです。

　しかし、どんなに祖母にかわいがられても、父も母もいないさみしさを消すことはできません。富太郎は、そのさみしさを忘れるために植物さがしに夢中になり、いつのまにか、草花に話しかけるようになったのだろうといわれています。

● キノコのばけもの

　夏の初めの、ある日のことです。富太郎は、近くの山

で、おかしなものを見つけて、立ちどまりました。それは、白くて、サッカーボールくらいの丸いものでした。動きだすようすもありません。富太郎は、こわごわ近よって、そっと手をのばしました。

「なんだか、キノコみたいだけど、もしかすると、キノコのばけものかなあ……」

富太郎はぞっとしましたが、それがほしくてしかたがありません。こわいのをがまんして、しばらく考えました。でも、おばけだったら、たいへんです。やがて、富太郎は、胸をどきどきさせながら、家へとんで帰りました。そして、祖母に話しました。祖母は、笑うばかりで信じません。すると、お手伝いの女の人が「それは、きっと、キツネのヘダマですよ。テングのヘダマとよぶ人もいますよ」と、おかしなことを教えてくれました。

「ふーん、おならの玉か。キノコのばけものに、ぴったりの名まえじゃないか、植物って、おもしろいなあ」

富太郎の目が、急にかがやきました。キノコのばけもののことは、頭のすみからはなれません。それからの富太郎は、めずらしい植物をさがして、野山を歩きまわることが、ますますおおくなりました。そして、野山を歩きつづけるうちに富太郎は、みちがえるほどじょうぶな「ハタットオ」にかわっていきました。

●わずか2年でやめた小学校

　1872年、日本で初めて学制がしかれて、全国に小学校が置かれるようになり、その2年ごには、佐川にも、小さな学校がつくられました。年齢ごとに学年に分かれているのではありません。学校全体が、16のクラスに分けられ、成績がよければ、次つぎに上のクラスへ進むことになっているだけでした。

　富太郎は、12歳で、この小学校へ入りました。そして2年もたたないうちに、いちばん上のクラスへ進んでしまいました。富太郎の成績がよかったのは、9歳のと

きに寺子屋で読み書きや算数をすこし習い、10歳のときには、名教館という学習塾へかよって、地理や理科や天文などを学んだことがあったからです。それに、幼いときからひとりぼっちがおおかったかわりに、ものを調べたり研究したりする心が、芽ばえていたからです。
「ぼくの知らないことを、教えてくれるといいのになあ」
　やがて、こんなことを思うようになった富太郎は、小学校へ行くのをやめてしまいました。
　富太郎が、生涯のうちに学校で正式に学んだのは、この2年だけです。寺子屋や名教館で学んだのをくわえても、4、5年です。学校をやめた富太郎は、ひとりで本を読んで学びながら、ちかくの野や山をかけめぐり、植物の観察に熱中するようになりました。自分にわからない植物があれば、だれにでも教わって、名まえや花のことなどをおぼえていきました。

● 自分の力で学問の道へ

　観察と研究を進めれば進めるほど、知りたいことが、あとからあとからでてきます。富太郎は、友だちから借りた本を手あたりしだいに読んで、植物の知識と人生への考えを、深めていきました。福沢諭吉という人の書いた『学問のすすめ』を読んだのも、このころです。

「そうか、人間はみな平等だけど、学問をするかしないかによって、差がついてしまうのか。よし、がんばろう」
　富太郎は、学問のたいせつさを知ると、ますます勉強にはげみました。すると、その勉強ぶりが評判になって、佐川の小学校の先生にむかえられました。
　富太郎は、17歳で、小学校の先生になり、しばらくは楽しい日がつづきました。ところが、そのうちに、もっといろいろなことを、もっと自由に学びたいと思うようになりました。人に教えるよりも、まだまだ、自分が学ばなければならないと考えたのです。富太郎は1年で先生をやめて、自分の力で勉強をつづけました。

●こころざしをたてて東京へ

「植物のことを知っているだけではだめです。無数にある植物のちがうところや、共通しているところなどを、ひとつにまとめて考えるようにならなければ、科学ではありません。ただの物知りでは学者にはなれませんよ」

18歳のとき、永沼小一郎という師範学校の先生に、こんなことを教えられた富太郎は、東京へ行ってみることを考えました。そのころ、四国から東京へ行くといえば、外国へでも行くほど、たいへんなことでした。でも、祖母は、富太郎のしんけんな目を見てゆるしてくれました。

東京では、外国の機械や製品を並べた勧業博覧会が開かれていました。富太郎は、博覧会を見学してから東京の各地をめぐり、本や顕微鏡などを買い求めました。また、博物局の田中芳男博士にあって教えをうけ、日光へ足をのばして、植物も採集しました。

このときの旅は短い期間でしたが、富太郎はそれから3年ご、こんどは東京での研究を心に決めて、ふたたび四国をあとにしました。

夢をふくらませて、東京帝国大学に矢田部良吉教授をたずねた22歳の富太郎は、大学の植物学教室を自由に使えるように、とくべつの許可をもらうことができまし

た。学歴はなくても、富太郎の研究が、教授たちをおどろかせるほどに、すぐれていたからです。

幼いときはひとりぼっちだった富太郎に、たくさんの友人ができました。そして、その友人たちと『植物学雑誌』を発行して、おおくの論文をのせ、26歳のときには『日本植物志図篇』第1集を出版しました。費用のすべてを祖母にだしてもらった、自費出版でした。

『日本植物志図篇』を出版して、日本じゅうに名を広めた富太郎は、つぎの年には、大久保三郎といっしょに発見した新種の草に、ふたりの名をとって「テリゴヌム・ヤポニクム・オークボ・エト・マキノ」と学名をつけま

した。これが、日本名では「ヤマトグサ」とよばれることになった、日本で初めて学名をあたえられた植物です。また、さらにつぎの年には、ムジナモという食虫植物を日本で発見して、世界の植物学者をおどろかせました。

●植物学にささげた一生

　富太郎の植物に対する情熱は、ひとつひとつ実をむすんでいきました。ところが、28歳の年に、思いがけないことに苦しまなければなりませんでした。しんせつだった矢田部教授に、本の出版や新種植物の発見などの業績をねたまれ、植物学教室への出入りをさしとめられてしまったのです。ふんがいした富太郎は、いっそ、ロシアへわたってしまおうかとさえ考えました。

　さいわい、そのごまもなく矢田部教授が休職になり、富太郎の出入り禁止はとかれました。しかも、理学部助手としてむかえられました。ところが、実家の岸屋は、すっかりおちぶれてしまいました。富太郎が、本の出版や研究に、たくさんのお金をつぎこんだからです。助手になることが決まった富太郎は、財産を整理して、家を番頭にゆずってしまいました。

　そのごの富太郎は、苦しい生活とたたかいながら、研究をつづけました。どんなに研究がすぐれていても、学

歴がないために、いつまでたっても助手です。19年ごにようやく講師になれたときは、すでに50歳、そして、こんどは27年ものあいだ講師をつづけ、77歳で退職したときも講師のままでした。日本一の植物学者でありながら、助教授にもなれなかったのです。

　しかし、富太郎自身は、植物を愛し、植物の研究ひとすじに生きることで満足でした。1927年に苦しい生活をともにしてきた寿衛子夫人を亡くしたとき、新しく発見した笹に「スエコザサ」の名を永遠に残してあげたことは有名です。日本の植物分類学のきそをきずいた牧野富太郎は、心のあたたかい学者でした。

豊田佐吉
（1867―1930）

機おり機の研究と改良に一生をささげ、日本の紡績産業の発展に力をつくした努力の人。

● 大工の息子

　豊田佐吉は、1867年（慶応3年）に、静岡県の浜名湖近くにある吉津村（いまの湖西市）に生まれました。
　父親がうでのいい大工でしたので、小学校を卒業すると佐吉は父の仕事を手伝うようになりました。手さきがとても器用で、くぎをまっすぐに打ちつけたり、かんなをじょうずに使うこつをまたたくまにおぼえました。そんな佐吉を見て、父は目をほそめてよろこびました。
「うん、こいつは、なかなかみこみがあるな」
　父は一日も早く、佐吉を一人前の大工にしたかったのでしょう。けれども、佐吉は、大工仕事が、あまりすきではありませんでした。ほんとうは静かに本を読んだり、じっと考えごとをしたりするのがすきだったのです。
　そのころ、父は、となり村の小学校の校舎をなおす仕

事をしていました。

「きょうから、ついてきなさい」

ある日、父にいわれて佐吉はしぶしぶ小学校にでかけていきました。

仕事は１週間以上もつづきました。はじめのころは、いやいやついていきましたが、そのうち、学校での仕事が楽しみになってきました。休けいのときに教室のそばに行って先生の話が聞けたからです。

先生は若い男の先生で、佐田先生といいました。

佐田先生は、１冊の本を読みながら、そのことについてくわしい話をしていました。苦労して、ある発見や発

明にたどりついた外国の人たちの話です。
　佐吉はその本と佐田先生の話にぐんぐんひきつけられていきました。とくに佐吉の心をとらえたのは、糸をつむぐ機械を発明したイギリスのハーグリーブスです。
「ハーグリーブスは大工だったんだ。とくべつな学問を受けたりしていない、ただの大工だ……」
　佐吉は、先生が手にしている本を、自分で読んでみたくなりました。そして、とうとうがまんができなくなり佐田先生に申しでました。
「君は、いつもろうかでわたしの話を聞いていたね。あまり熱心なので、とても感心していたのだよ。ほかにもいい本がたくさんあるから、いつでもいらっしゃい」
　先生のかしてくれた本は『西国立志篇』といって、スマイルズという人が書いた発明家たちの伝記でした。

● 1冊の本

　ハーグリーブスは、糸つむぎ機を考えついた人です。
　糸をつくりだすのに、これまではどうやってもひとりが1回にできるのは1本でした。ところが、ハーグリーブスの機械を使うと、1度に8本もの糸ができるのです。
「なんてすばらしい発明だ」
　いままで8人でしていた仕事を、ひとりでやれるとい

うりくつに、佐吉はすっかり感心してしまいました。
　佐吉の母も、毎日毎日糸をつむぎ、機を動かして布をおっています。佐吉が生まれたときから、母の使うパタンパタンという機の音は、とだえたことがありませんでした。このころは、どこの家でも、こうして綿布を作っていたのです。
「おかあさんは、たいへんだなあ」
　寒い冬の夜など、布団のなかで機の音を聞くとき、佐吉は、母がなんだかとてもかわいそうに思えるのでした。
　佐吉は『西国立志篇』に夢中になりました。なんかいも失敗をかさねながら決してあきらめなかった本のなか

の人たちに、胸があつくなってくるのです。

「ぼくにだってできるかも知れない。あきらめずに努力をつづければ、学問のないぼくにだって……」

母のために、もっと便利な機おり機械ができないものかと、あれこれ考えをめぐらしていると、気持ちが高ぶって夜も頭がさえてしまいます。

●もっと便利な機おり機を

「発明？ そんなものだれにでもできるというものではない。わざわざあぶない橋を渡るようなことを、息子にすすめるわけにはいかん。そんなことはやめて、大工の仕事にせいを出すことだ。わしはゆるさん」

父にしかられても、母に心配されても、佐吉の心は、すっかり機おり機械のとりこになっていました。

「おとうさん、おかあさん、ゆるしてください。でも、きっと、便利な機械を発明してみせます」

父との対立がはげしくなって、家をとび出した日もありました。ゆっくり考える時間がほしくて、だまって家を出て、親類のところに身をよせたり、実験の材料を買うために友だちにお金をかりに歩いたこともあります。

佐吉のかたい決心に動かされて、とうとう母は村はずれに実験のための小屋を借りてくれました。

　雨もりのするそまつな小屋でした。でも佐吉にとっては、またとない実験室でした。図面をひいたり、木を打ちつけて実際に機おり機を組みたてたり、こわしたり、じっと考えこんだり、佐吉は小屋にこもってもくもくと研究をつづけました。
「佐吉さんは、あそこでなにをしているんだ」
「いつかのぞいてみたら、机にうつぶせになって泣いていたぞ」
「頭がおかしくなったのではなかろうか」
　村の人たちは、いろいろなうわさをしました。
　父は口をきいてくれなくなり、いまや、たべものを運

んでくれる母だけが、ただひとりの味方でした。
「発明は、はかどっているかい？いいものができるといいね。夜は寒くないようにしておやすみ」
　母はときどき、紙につつんだお金をそっとおいていきました。父にないしょでためたお金にちがいありません。
「すみません、おかあさん。きっといつか……」
　母のやさしい心にかならずこたえなければなりません。佐吉は全身がひきしまるように感じました。

●はじめての成功

　佐吉をさらに元気づけたのは、そのころ東京の上野で開かれた博覧会です。憲法ができ、帝国議会が開設されることを記念して、広く外国の文明を紹介するために催された大行事でした。

　よその国ぐにで、いろいろな機械が発明され、どんどん産業がさかんになっていたころ、日本は、かたつむりがからに閉じこもるように国を閉ざし、外国との交渉をたってきました。やがて日本がながいねむりからさめると、先を争うようにして外国の文明が流れこんできました。ながい鎖国のあいだに、日本は10歩も20歩もおくれをとっていたのです。そのおくれをとりもどすために、必死のかくとうをしていたのが明治という時代でした。

　ですから、1890年(明治23年)のこの博覧会は、とてもたいせつな、意義のある催しでした。
　佐吉は、さっそく上京し、会場のなかの機械展示室に毎日足をはこび、人の波におされながら、たんねんに機械のしくみをさぐり、紙にかきうつしました。
　こうして1か月近く通っているうちに、わからなかったことが、少しずつはっきりしてきました。
　それからの研究はおもしろいようにはかどりました。
　最後の実験もうまくいきました。あとは、母にすわってもらい、実際に機を動かしてもらうだけです。
「おかあさん、おってみてください」

母は、おそるおそる教えられたようにやってみました。
「佐吉や、佐吉、みてごらん、こんなに速くおれるよ」
　母はそういいながら、なみだ顔でわらっています。
　いつのまにか戸口のところに父が立っていました。父は、母の動かしている機械をじっと見つめたまま、何度も何度もうなずいていました。
　これが「豊田式人力織機」です。佐吉は23歳になったばかり、発明をこころざしてわずか数年後のことでした。

●人の手をはなれて

　いままでの機おり機にくらべれば「豊田式人力織機」は、ずいぶん仕事のスピードをあげました。しかし、なんといっても人の手で動かさねばなりません。どうにかして動力と結びつけるてだてはないものかと、佐吉は、いろいろな機械の本をむさぼり読みました。
　結婚して、男の子が生まれましたが、佐吉はあいかわらず発明のとりこです。動力織機の開発にはげむ忙しい時間のあいまに、いくつかの小さな発明品も生まれました。なかでも、糸を糸わくに巻きとる「かせくり機」は、評判になり、たくさん売れました。おかげで、その資金をもとにして名古屋に店をかまえることができました。
　まえの年の明治27年に起こった日本と清国（いまの

中国）との戦争がつづいていて、佐吉の幼いころの友だちも、ずいぶん兵隊になって出ていきました。
「いつ戦場にかり出されるかわからない。それまでに、どうしても動力織機を完成させなければ」
佐吉は眠る時間もおしんで研究にうちこみました。
そして、とうとう、動力織機を動かす日がきました。
「いいか、いくぞ」
佐吉と妻の見まもる前で、織機はしずかに動き出しました。実にかろやかな音をたてて。
「動く動く。おれる、おれるぞ！」
「豊田式木製動力織機」が誕生したのです。

これまで、ながいあいだ、ほんとうにながいあいだ日本の女のひとは、暑い日も寒い夜もパタンパタンと手で布をおってきました。ところが、いま、人の手を使うことなく布をおる機械が、目のまえに出現したのです。

これは、新しい時代への踏み台となるたいへんなできごとでした。

手工業がおとろえて機械による大工業へと変化していくことを、産業革命といいます。

産業革命は18世紀のおわりから19世紀にかけて、イギリスを中心におこりました。およそ1世紀おくれて、日本にも産業革命の火が燃えあがろうとしていたのです。

● **研究はつきることなく**

日清戦争で日本が勝つと、清国へどんどん綿おりものが輸出されるようになりました。地方から運びこまれるおりものを、三井物産の係の人が忙しそうに調べていましたが、不思議に思って手をとめました。

「これは、どこの工場でつくられたものだろう。ほかの布とちがって、まったくおりむらがなく、実に美しい」

その綿おりものをつくったのが、乙川綿布会社だとわかると、三井物産の人は、さっそくその会社をたずねました。そして、乙川綿布会社の工場に足を一歩ふみ入れ

たとき、おどろきのあまり声もでませんでした。
　いままで見たこともない動力の機おり機が整然とならんで、きちんきちんと布をおり出しているではありませんか。乙川綿布会社は、佐吉が友人とはじめた会社だったのです。
「なんということだ、これは。日本にもこんなすばらしい機おり機があったなんて！」
　それからというもの、佐吉の発明した機おり機の評判はしだいに広まって、あちこちの綿布工場からたくさん注文がきました。機械の製造がまにあわないほどの売れようです。

そのはんじょうぶりに目をつけて佐吉に近づき、いっしょに会社をつくった人たちがいました。けれども、佐吉がもうけることにあんまりいっしょうけんめいにならず、織機の改良にばかりお金を使うので、佐吉にあいそをつかしてしまいました。
「よりよい機械にすれば、人はほっておいても買ってくださる。まだまだ改良の点はたくさんあるのだから」
　佐吉の頭のなかには、もっと速く、たくさんおれて、しかも安全な機おり機のイメージがしっかりと描かれていました。もうひと押しという気持ちがしました。
　1910年（明治43年）にアメリカに渡り、最新型といわれる機おり機を見ました。
「アメリカの機械も、まだまだ改良のよちがあるな」
　佐吉は自信を得て、意欲がわいてきました。
　ニューヨークでは、ジアスターゼの研究で有名な高峰譲吉博士をたずねました。そのときの博士のつぎのことばが、ふかく胸にきざみこまれ、それからのちの佐吉をはげましつづけました。
「発明を成功させるには、さいごまで発明品からはなれてはいけません。どんなものでも、もうこれでいいということはないのです」
　世界的な大発明となった「豊田式自動織機」にたどり

ついたとき、佐吉は59歳、大正15年のことでした。
　年老いた身を励まし支えていたのは、高峰博士のことばでした。機おり機とともに歩みつづけて40年、64歳で亡くなるまで、かたくなに、機おり機をはなれませんでした。
　息子の喜一郎に、佐吉は自動車の研究をすすめました。
　そのころの車といえば、ほとんど外国産だったからです。若かったとき、父の理解を得られなかったことを残念に思い、息子の研究のためには、お金をおしみませんでした。豊田喜一郎は、トヨタ自動車の会社の基礎をつくった人です。

小泉八雲 (1850—1904)

　目が見えない芳一は、毎晩、ふしぎな屋敷にまねかれて、琵琶をひきながら平家物語を語って聞かせました。語りが進むと、いつも、武士たちのすすり泣きの声が聞こえてきました。ところが、屋敷だと思っていたのは、人ひとりいない墓場でした。芳一は、壇ノ浦の戦いでほろびた平家の武士たちの亡霊によびだされていたのです。これを知った芳一は、からだじゅうに魔よけのお経を書いてもらって、寺にとじこもっていました。しかし、その夜、芳一の耳は寺へやってきた亡霊にひきちぎられてしまいました。耳にだけ、お経を書いてもらうのを忘れていたからです。

　これは、小泉八雲が書いた『耳なし芳一』という怪談です。

　八雲は、本名をラフカディオ・ハーンといいました。1850年にギリシアで生まれ、父はイギリス人、母はギリシア人でした。でも、まもなく両親が離婚してしまったため、ハーンはみなし子のようになり、父の叔母にひきとられました。そのうえ、15歳をすぎたころ、その叔母の破産と、父の死にあい、卒業まぢかの学校もやめなければなりませんでした。

　ハーンは、19歳のとき、ひとりでアメリカへ渡りました。そして、やがて新聞記者として活やくするうちに東洋へ心ひかれるようになり、1890年に、日本の旅行記を書くために横浜へやってきました。2か月の予定でした。ところが、日本がすっかり好きになり、日本に住みつくことを決心しました。

　日本人の心も、日本の景色も愛してしまったハーンは、松江中学校の英語の教師になり、日本女性の小泉節と結婚しました。

そして、そのご熊本の第五高等学校の教師、「神戸クロニクル社」の記者、東京帝国大学の講師をつとめながら、日本の研究を深めていきました。小泉八雲と名のって日本へ帰化し、ついに日本人になってしまったのは、45歳のときでした。
　八雲は、日本人のものの考え方や、日本の文化を心から理解しようとしました。とくに、明治の文明開化の時代に入るまえの、古い日本を深く見つめ『東の国から』『心』『霊の日本』『日本お伽噺』『怪談』など、たくさんの本を著わしました。『怪談』は、1904年に、まずアメリカで出版され、日本ではのちに『小泉八雲全集』におさめられて、怪談の名作とたたえられるようになったのです。
　日本人よりも、もっと日本を愛した八雲は、早稲田大学の教壇にも立ったのち、1904年に54歳で亡くなりました。八雲の作品は、いまも、おおくの日本人に読みつがれています。

明治天皇（1852—1912）

　明治天皇は、1852年に京都で生まれました。父は、孝明天皇、母は、朝廷につかえていた公卿の中山忠能の娘です。
　幼年時代の天皇は、からだが弱く、泣き虫でした。でも、5歳をすぎたころから、からだをきたえ、16歳で天皇の位についたころには、すもうなら、宮中のおとながだれひとりかなわないほどに、なっていました。
　王政復古によって江戸幕府がたおれ、国の政治を徳川氏の手から朝廷にとりもどした天皇は、まず、国民の考えを尊重することなどをちかった『五箇条の御誓文』を発表して、新しい政治の大方針をうちだしました。そして、1868年に江戸を東京と改めると、つぎの年には都を京都から東京へ移して、近代国家への政治にとりくみ始めました。
　1871年には、大名たちが支配している藩をはい止して、かわりに府県をおき、武士中心の社会のしくみを、完全にとりこわしました。しかし、古いしくみをなくしても、朝廷につかえる政治家たちのあいだでは、むかしの藩ごとに対立がつづき、これをひとつにまとめていかなければならない天皇の苦労は、いつまでも絶えませんでした。1877年に起こった西南戦争で西郷隆盛が死んだとき、25歳の天皇は、たとえ賊軍でも西郷の死を、たいへん悲しんだということです。
　新しい国を建設していくためには教育がたいせつだ、と考えた天皇は、1872年に、小学校を国民の義務教育とすることを決め、1890年には教育の基本をしめした教育勅語をだし、小・中・大学校をととのえていきました。

　また、新しい政治を進めていくために、1889年に大日本帝国憲法を発表して、つぎの年には第1回の衆議院総選挙をおこない、日本で初めての帝国議会を開き、近代国家らしい立憲政治の幕を開けました。
　いっぽう、日本のすべての軍隊をひきいるようになった天皇は、国の守りにも力を入れ、1894年に起こった日清戦争にも、1904年に起こった日露戦争にも大勝して、アジアの小さな島国日本の名を、世界にとどろかせました。
　明治天皇は、こうして、わずか数10年で新しい日本のきそをきずきあげました。しかし、その功績は天皇だけのものではなく、天皇のもとに、近代国家の建設と戦ったおおくの政治家たちがいたことを見落としてはなりません。また、明治天皇によって絶大になった天皇の権力を軍隊が利用して、そのごの日本が軍国主義へみちびかれていったことも、忘れてはなりません。

高峰譲吉（1854—1922）

　1854年3月、江戸幕府は、日本へやってきたアメリカ海軍将官ペリーと日米和親条約をむすび、1639年から215年のあいだつづけてきた鎖国をやめて、外国とのまじわりを始めました。
　高峰譲吉は、日本が国を開いた、この歴史に残る年に、越中（富山県）高岡で生まれました。父は加賀藩の医者でした。
　日本の新しい足音を聞きながら育った譲吉は、11歳のときから長崎と大阪で英語や医学を学び、18歳で工部大学校（いまの東京大学工学部）へ入って、6年間、応用化学を勉強しました。また、卒業と同時に国からえらばれてイギリスへ渡り、3年のあいだ、外国の進んだ化学を学びました。
　日本へ帰ってくると農商務省に入って、和紙の製造や酒の醸造などの研究を始め、33歳のときには人造肥料会社をおこしました。農商務省の出張でアメリカへ行ったときに過燐酸石灰に目をつけ、それを持ち帰って、日本で初めて燐酸肥料の実験と製造に成功したのです。
　いっぽう、母の実家が造り酒屋だったため少年時代から酒の造り方に興味をもっていた譲吉は、酒のもとになるこうじの研究をして、36歳のときに新しいこうじの作り方を発明しました。
　やがて、アメリカのウイスキー会社にまねかれ、譲吉は、シカゴへ渡りました。そして、麦芽を使わないウイスキーの製造に成功して、高峰式ウイスキー醸造の名を高めました。
　ところが、麦芽業者のはげしい妨害にあい、譲吉は殺されそうになったうえに、工場を焼かれ、会社は、なみだをのんで高峰式ウイスキーの製造を中止してしまいました。

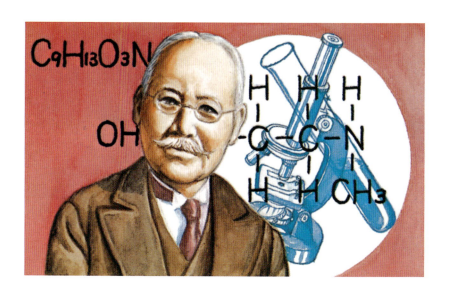

　譲吉は、アメリカでの仕事を失いました。しかし、みじめな思いのまま日本へ帰ろうとはしませんでした。それどころか、小麦のこうじから取りだしたジアスターゼに、脂肪やたん白質をこなす力のあることを発見して消化剤を発明、自分の名の高をとってタカジアスターゼと名づけて、アメリカの製薬会社から売りだしました。また、ニューヨークに高峰研究所を建ててホルモンの研究をつづけ、動物の体内からホルモン結晶体のアドレナリンを取りだすことに、世界で初めて成功しました。
　そのご譲吉は、アメリカに住み、68歳で亡くなりました。亡くなる10年ほどまえ、日本の政府から学士院賞を受け、いちど日本に帰国しました。そのとき「日本にも、ひとつくらい科学研究所がなければいけない」と訴え、理科学研究所建設のきっかけをつくりました。譲吉はアメリカにいても、心はいつも日本の発展を思っていたのです。

犬養　毅（1855—1932）

1932年（昭和7年）5月15日、海軍の若い将校たちが、政党や財閥をたおして、軍を中心にした国家権力の強い国をうちたてることをくわだて、首相を射殺する事件が起こりました。昭和史に残る五・一五事件です。

犬養毅は、このときの首相です。明治時代が始まる13年まえに備中国（岡山県）で生まれ、13歳のときに父を亡くした毅は、郷里ではたらきながら漢学を学んだのち、20歳の年に、新しい西洋の学問を勉強するこころざしをたてて東京へでました。そして、新聞記者で学費をかせぎながら慶応義塾で学びました。

1882年、大隈重信が民主主義の政治をめざして立憲改進党を結成すると、毅も、この党に加わって政治家の道へ入りました。

明治に入ってからの国の政治は藩閥政治とよばれ、明治維新に力をつくした長州藩や薩摩藩などの出身者を中心にして進められていましたが、毅は新しい政治は藩閥ではなく、同じ考えをもつ新しい政治家たちが集まってつくった政党によっておこなわれなければいけないと考え、政党政治家をめざしたのです。

1890年の第1回衆議院総選挙いらい衆議院議員に17回連続当選をはたした毅は、意志が強く話術にすぐれた政治家として活やくし、43歳のとき、大隈内閣の文部大臣となりました。

1910年には、自分が中心になって立憲国民党をつくり、党の先頭に立って、憲法にもとづく政治を進めるために藩閥打倒をとなえました。また、1922年には、立憲国民党を解散して新たに革新倶楽部を結成し、憲政の神さまといわれた尾崎行雄といっしょに、選挙権の平等を求める普通選挙運動に力をつく

しました。
　藩閥打倒は1924年の加藤高明を首相とした政党内閣の成立によって、普通選挙運動はその次の年の普通選挙法の公布によって、それぞれ実現しました。しかし、毅は、このとき逓信大臣をつとめることはできましたが、革新倶楽部の力が弱かったため政府内で大きな勢力をもつことができず、1925年に政界をしりぞきました。
　ところが、6年のちの1931年、犬養内閣を組織して政界へ返り咲きました。革新倶楽部と1つになっていた政友会の総裁に推され、ふたたび理想の立憲政治をめざしたのです。でも内閣をスタートしてわずか5か月ごに、暗殺されてしまいました。毅は、国民の代表として国民のための政治をきずこうとした政治家でした。青年将校にピストルを向けられたとき「話せばわかる。話を聞こう」と将校をさとしたことばは有名です。

小村寿太郎 (1855—1911)

　1904年に、日本とロシアのあいだで起こった日露戦争は、陸軍が満州（いまの中国東北部）でロシア軍を退却させ、海軍が日本海でロシア艦隊をげきめつして、日本が勝ち進みました。しかし、1年もたつと、兵力も武器も底をつき、戦争をつづける力を失ってしまいました。そこで日本は、アメリカに戦争を終わらせるための仲だちをたのみ、1905年8月にアメリカのポーツマス軍港で、ロシアと話し合いをすることになりました。

　このとき、日本の全権としてポーツマスにのりこんだのが、明治政府の外交官、小村寿太郎です。

　寿太郎は、日向国（宮崎県）の飫肥藩につかえる身分の低い武士の子として生まれました。無口で忍耐強く、ひとりで静かに本を読むのがすきな少年でした。

　寿太郎は、15歳で大学南校（いまの東京大学）に進みました。そして、卒業後、文部省の留学生にえらばれてアメリカへ渡り、25歳で帰国すると4年ほど司法省で裁判所の仕事をしたのち、外務省へ入りました。でも、37歳までは目だたない仕事がつづき、外務省の役人としてはめぐまれませんでした。

　寿太郎が外交官のスタートをきったのは、38歳のときに外務大臣の陸奥宗光にみとめられて、清国（中国）におかれていた日本公使館の、代理公使に任命されてからのことです。それは、日清戦争が起こる1年まえのことでした。

　そののちの寿太郎は、朝鮮、アメリカ、ロシアなどの公使をつとめながら、むずかしい外交の役を果たし、とくに、南へ領土を広げようとするロシアをおさえることに力をつくしました。

　46歳で、桂太郎内閣の外務大臣に迎えられました。ところが、ロシアは、満州や朝鮮へ手をのばそうとするのをやめず、ついに、日露戦争が始まってしまいました。そして1年ののち、寿太郎がポーツマスの講和会議にのぞむことになったのです。
　会議は20数日もつづき、寿太郎は、日本に少しでも有利な条件で講和がむすばれるように、全力をつくしました。しかし、戦争をつづける力がない日本を救うためには、ロシアの示す条件も受け入れて、調印を終えるよりしかたがありませんでした。
　日本へ帰ってきた寿太郎は、国民から「国賊だ」「小村は腰ぬけだ」と、ののしられました。国民は、政府や寿太郎の苦しみを知らなかったのです。寿太郎は、国の実情はけっして口にせず、なにひとつ、べんかいもしなかったということです。
　寿太郎は、そのご、1910年の韓国併合にも努力し、明治時代の幕がおりる前の年に亡くなりました。まだ56歳でした。

原　敬 (1856—1921)

　政治家原敬は、盛岡藩（岩手県）の武士の家に生まれました。父は敬が9歳のときに死にましたが、祖父は藩の家老をつとめた家がらでした。しかし、盛岡藩は、明治維新に幕府がわについて朝廷軍と戦ったため、朝敵とよばれるようになり、明治時代をむかえたころには、原家も落ちぶれてしまっていました。

　家は落ちぶれても自分の希望だけは失わなかった敬は、15歳で東京へでました。そして、まず神学塾でキリスト教を信仰しながらフランス語を学び、やがて、政治家への道をめざして司法省法学校へ進みました。

　ところが、法学校では校長と争って3年めに退学させられ、そのごは新聞記者、役人、外交官などの道を歩み、40歳をすぎたときには大阪毎日新聞の社長になっていました。

「新聞人から代議士へ、代議士から大臣へ……」

　敬は、心に、このように決めていたということです。

　1900年、伊藤博文を中心にして立憲政友会という政党が結成されると、新聞社を去って党へ入り、数か月ごには早くも逓信大臣に任命され、2年ごには衆議院議員選挙に当選して、自分のこころざしどおりに政治家へのスタートをきりました。

　そのごの敬は、人をおそれないすばらしい政治力で、つねに政友会をまとめ、大正時代の中ごろには、ついに大きな夢を果たしました。西園寺公望内閣、山本権兵衛内閣で内務大臣をつとめたのち、1914年には政友会の総裁となり、つづいて1918年に、原内閣を誕生させたのです。

「むかしの薩摩藩、長州藩などで力をもっていたものや、貴族

院の貴族たちにあやつられる政治ではだめだ」
　敬は、政党の力による、じゅんすいな議会政治をのぞみました。そこで、内閣は、外務、陸軍、海軍の３大臣をのぞいて、すべて政友党の政治家たちで固めました。また、内閣が歩み始めると、衆議院や政党をおさえるためにおかれていた貴族院の、頭の古い貴族たちの考えを少しずつ改めさせ、政党の力を強いものにしていきました。
　じっさいの政治では、国防、教育、産業、交通などに力を入れました。しかし、おおくは、民衆のためよりも国と資本家の利益にむすびついたものでした。民主的な選挙がおこなわれるための普通選挙の実施などには反対しました。そのため、原内閣をひはんする人びとが現われ、1921年11月4日、65歳の敬は18歳の少年に、東京駅で暗殺されてしまいました。
　政党政治をうちたてたことが、歴史に残した偉業でした。

尾崎行雄（1858—1954）

　権力をふるう政治をにくみ、憲法を守る正しい議会政治をうちたてるためにたたかった「憲政の神さま」。

　このようにたたえられた尾崎行雄は、相模国（神奈川県）で生まれ、慶応義塾で1年半、工学寮（のちの東京大学工学部）で1年学んだのち、24歳で政治の世界へ入りました。

　大隈重信が新しく結成した立憲改進党に加わったのが、その第1歩です。行雄は、党が発行する『郵便報知新聞』の論説委員をつとめ、国民の自由と権利を守る政治を広く訴えました。

　ところが、29歳のとき、東京を追われてしまいました。伊藤博文内閣の政治に反対したため、内閣が反対者をしばらく遠ざけるねらいで作った保安条例に、ふれたのです。

「数年、東京に住めないのなら、このさい外国へ行ってこよう」

　行雄は、それからおよそ2年のあいだ、アメリカやイギリスをまわって、進んだ国ぐにの政治を学びました。

　1890年、日本で初めての衆議院総選挙がおこなわれると、三重県から立候補して当選しました。このときはまだ31歳でしたが、そのごの行雄は25回もの連続当選の記録をつくり、90歳を越えるまで63年ものあいだ、衆議院議員の道を歩み続けました。

　行雄は、文部大臣、司法大臣などをつとめ、45歳のときから10年間は東京市長の大任も果たしました。最もはなばなしく活やくしたのは、日本に軍国主義の芽がではじめてからです。

　1912年の12月に、軍隊と強くむすびついた桂内閣が生まれると、行雄は、憲法を守る憲政擁護運動の先頭に立ってたたかいました。そして、国会で「あなたは天皇のかげにかくれて

憲法に反することばかりしてきた」と叫んで桂首相をきびしく叱り、やがて内閣を総辞職に追いこみました。

1914年には、海軍が軍艦を買うときに外国の会社からわいろをもらっていた事件で、山本権兵衛内閣をたたき、1920年には、国民が平等に選挙権をもてるようにする普通選挙運動に立ちあがり、民主政治のために力をそそぎました。また、日本が大陸への侵略を始めると、戦争反対を叫びつづけました。軍隊からどんなににらまれても、自分の考えをかえませんでした。

第2次世界大戦が終わって8年すぎた1953年の選挙で、行雄は、初めて落選しました。もう95歳だったからです。しかし、このとき国会は、明治、大正、昭和の3代にわたって活やくした行雄をたたえて、衆議院名誉議員の名をおくりました。

アメリカの首都ワシントンでは、行雄が東京市長のときにおくった桜が、いまも、春にはうす桃色の花を咲かせています。

御木本幸吉 (1858—1954)

　真珠の養殖に成功して世界の真珠王とよばれるようになった御木本幸吉は、1858年に、志摩国（三重県）の鳥羽で生まれました。家は、屋号を「阿波幸」という、うどん屋でした。
　少年時代の幸吉は、うどん屋を手伝いながら、野菜や米や卵などを売り歩いて、家のくらしを助けました。
　幸吉が、人間の手で美しい真珠を作りだすことを決心したのは、32歳のときでした。30歳で真珠商人になったものの、商人たちが天然の真珠をうばいあうため、日本の真珠がしだいに少なくなっていくことに心を痛めていた幸吉は、東京帝国大学の箕作佳吉博士から貝の中で真珠ができる秘密をおそわり、胸をときめかせて養殖にとりかかったのです。
「成功まで一生かかるかもしれないが、死んでもやりぬくぞ」
　幸吉は、英虞湾に養殖場を作り、たくさんのアコヤ貝に真珠の核になる粒を入れて、海中に沈めました。しかし、何度やっても失敗でした。あるときは、赤潮で海中のアコヤ貝が全滅してしまいました。でも、幸吉は、くじけませんでした。人から「真珠ぐるいだ」と笑われながら、実験をくりかえしました。
　1893年7月11日、幸吉と妻のうめは、海岸で貝の中を調べていました。すると、とつぜん、うめが叫びました。
「あなた、あったわ、あったわ、光ってるわ」
　うめが開いた貝に、きらりと光るものがあります。形はまだ半円ですが、まちがいなく真珠です。
「よし、方法を考えれば、きっと、丸い真珠ができるぞ」
　幸吉は、むちゅうになって研究をつづけました。そして、つ

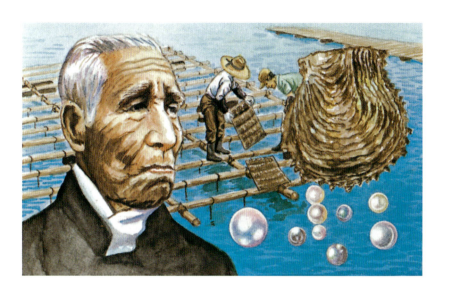

いに1905年に、真円真珠の養殖に成功しました。死んでもやろうと決心して15年、幸吉は47歳でした。
　大きな夢をかなえた幸吉は、つぎには、この日本の養殖真珠を世界に広めることにのりだしました。
「全世界の女性の首に真珠を飾らせてみせる」
　養殖場をふやし、飾りものを作る加工場も建て、ニューヨーク、パリ、ロンドンなどに店を開いて、ミキモト・パールをいっせいに売りだしたのです。昭和の初めにアメリカへ渡り、発明王エジソンに真珠をおくったときには「わたしは、ダイヤモンドと真珠だけは作ることができなかった。あなたは偉大だ」とたたえられました。
　1924年、66歳の幸吉は貴族院議員に当選しました。しかし、わずか1年で自分からしりぞき、1954年に96歳で亡くなるまでの長い生涯を、真珠養殖の改良にささげつくしました。

嘉納治五郎 (1860—1938)

「敵をたおして勝つことだけが目的ではない。技をみがきながら、人間の心とからだをきたえるのが柔道だ」

このように信じて講道館柔道をおこした嘉納治五郎は、摂津国(兵庫県)で生まれました。家は、大きな造り酒屋でした。

8歳のときに明治時代を迎えた治五郎は、それから3年のちに東京へでて英語や漢学を学び、やがて東京大学へ進んで政治、哲学、経済学を勉強しました。また、大学へ入るまえから天神真楊流の福田八之助の道場へ入門して、柔術を習っていました。少し背が低いうえに、からだが弱かった治五郎は、人に負けない強い心と、たくましいからだが、ほしかったのです。

きびしいけいこで、いつも、からだじゅうのすり傷に万金膏というこう薬をはっていた治五郎は、友だちから「万金膏の嘉納」と、あだ名をつけられていました。

大学を卒業すると学習院の先生になりました。でも、柔術への情熱は燃やしつづけ、東京下谷の永昌寺に道場を開きました。これが講道館の始まりです。治五郎は、まだ22歳でした。

柔術を柔道と改めた講道館には、治五郎の人格をしたっておおくの門人が集まりました。そして、柔道をばかにしていた警視庁の柔術との試合に2度も勝って、講道館柔道の名を日本じゅうに広めました。29歳のときに、本郷真砂町に大きな道場を作ったころには、入門者は1500人を超えていたということです。

教育者としてもすぐれていた治五郎は、やがて、第一高等中学校(のちの第一高等学校)の校長をへて、33歳のときには東京高等師範学校(今の筑波大学)の校長になり、それから

26年あまりのあいだ、教師として巣立っていく若い人びとの教育に力をつくしました。体格も人格もりっぱな日本人を育てることが、治五郎の生涯の願いでした。

　1909年、フランスのクーベルタン（近代オリンピックをおこした人）にたのまれ、日本人として初めて国際オリンピック委員になりました。そして、1912年にストックホルムで開かれた第5回大会には、マラソンの金栗選手らをつれて参加しました。日本がオリンピックに参加したのは、これが初めてでした。

　治五郎は、こうして日本人がスポーツをとおして世界の人びとと手をむすぶことにも、努力をつづけました。しかし1938年にエジプトのカイロで開かれたオリンピック委員会から帰るとちゅう、治五郎は、太平洋の船の上で亡くなってしまいました。

　柔道は、1964年の東京大会からオリンピックの正式種目になりました。治五郎が講道館をおこして82年ごのことでした。

内村鑑三 (1861—1930)

　7歳のときに明治時代を迎えた内村鑑三は、12歳から数年、東京で英語を学び、15歳で、札幌農学校へ入学しました。「少年よ、大志をいだけ」クラーク博士が、このことばを残してアメリカへ帰ったばかりの農学校には、キリスト教の精神がみちあふれていました。

　鑑三は、初めは、キリスト教を強くこばみました。しかし、上級生たちのえいきょうで17歳のときに洗礼を受け、やがて仲間と教会を建設するほど、キリスト教を深く信仰するようになっていきました。

　優秀な成績で4年間の学業を終えた鑑三は、水産学者になる夢をいだいて、水産物の調査をする役人になりました。ところが、それから3年のちには、わずかなお金をふところに入れて、太平洋を越える船に乗り込んでいました。神の前で永遠に愛しあうことをちかった妻との結婚生活に、半年でやぶれ、神にそむいた罪を背負って、アメリカへ渡ったのです。

　鑑三は、4年のあいだ、はたらきながら大学や神学校でキリスト教を学び、罪をつぐなうために神の子として生きることを心に決めて、27歳で日本へ帰ってきました。

　1890年、鑑三は第一高等中学校の講師になりました。でも、わずか半年でやめさせられてしまいました。

　学校で、明治天皇からくだされた教育勅語をいただく式がおこなわれたときのことです。箱に入った巻物に、教師も学生も頭をさげましたが「わたしがおがむのは、ただひとつ、キリストの神だけだ」と、自分にちかっていた鑑三は、頭をさげませ

んでした。天皇は生きた神だとされていた時代でしたから「鑑三は国賊だ」と、ののしられ、学校を追われてしまったのです。
　そのごの鑑三は、貧しさとたたかいながら、キリスト教と日本文化のむすびつきや、日本人の心について深く考え『余はいかにしてキリスト信徒となりしか』などを書きつづけました。また各地での講演で、心をたいせつにする正しい人間の生き方と、自分より人を愛するキリスト教の教えを説きつづけました。
　日露戦争が起こりそうになったときには「人を殺す戦争は大罪悪だ」と叫び、1904年に戦争が始まると、日本が勝つことよりも、ただひたすらに平和を祈りました。
　鑑三は、勇気ある生き方を人びとに示して、昭和の初めに69歳の生涯をとじました。「人間がこの世に残すことのできる最大のものは、金や名誉ではなく、勇ましい高尚な生涯だ」。これは講演「後世への最大遺物」のなかの、鑑三のことばです。

新渡戸稲造（1862―1933）

「もし天が許せば、太平洋の橋になりたい」

新渡戸稲造は、東京大学に学んでいたころ、このように語っています。日本と外国との交わりを進めて、世界における日本の地位の向上に役だつことを、心にちかったのです。

明治時代が始まる5年まえに、盛岡藩士の家に生まれた稲造は、15歳のときに、札幌農学校（いまの北海道大学）へ入学しました。この学校をつくるために招かれていたクラーク博士が、キリスト教の精神と「少年よ大志を抱け」という言葉を残してアメリカへ去った、すぐあとのことです。同期生の内村鑑三らと洗礼を受け、クリスチャンとして生きるようになりました。

農学校を終え、さらに東京大学で勉強をつづけた稲造は、22歳のとき「太平洋の橋」になる夢を心にひめてアメリカへ渡り、経済や歴史や文学を学びました。また、そのあとつづいてドイツへも留学して、農業に関する政治や統計学を研究し、28歳で帰国すると、札幌農学校の教授にむかえられました。

「太平洋の橋」の夢をまずひとつ果たしたのは、そのご、アメリカで静養していた37歳の年の『武士道』の出版です。日本人の心や道徳についての考えを英文で伝えると、おおくの外国人に、日本への目を開かせました。

1901年、稲造は、日本の植民地となっていた台湾へ渡り、総督府の殖産技師の任につきました。そして、植民地を力で支配するのではなく、人びとに新しい文化を伝えるという大きな心で、熱帯地産業の発展に力をつくしました。稲造の心には、すべての人間への愛が、あふれていたのではないでしょうか。

　やがて日本へ帰った稲造は、こんどは、京都帝国大学（京都大学）の教授にむかえられました。また44歳の年から7年間は東京帝国大学（東京大学）の教授をかねながら、第一高等学校の校長をつとめました。のちには東京女子大学の学長もつとめています。大学教育にたずさわっているあいだ、いろいろな雑誌にやさしい論文を発表して、はたらく青年や、婦人たちにも、自己の人格をみがかなければいけないことを、よびかけています。日本人のかがやかしい将来を、期待していたのでしょう。
　稲造は、60歳ちかくなってから「太平洋の橋」の願いを、大きく果たしました。およそ7年にわたって国際連盟事務局事務次長として世界の舞台に生き、また、太平洋問題調査会の理事長として世界の平和に心をかたむけ、そのあいだに、日本の国際的な発展に命をもやしたのです。太平洋問題会議にでかけたとき、太平洋のむこうのカナダで、71歳の生涯を終えました。

森　鷗外 (1862—1922)

　姉の安寿と弟の厨子王の美しい愛情をえがいた『山椒太夫』。自殺をはかって死にきれずにいる弟を、自分の手で安楽死させてやった喜助の罪に問題をなげかけた『高瀬舟』。このような名作をおおく残した森鷗外は、明治時代の幕が開く5年まえに、石見国（島根県）の津和野で生まれました。父は藩の医者でした。

　鷗外は、5歳のころから漢学を学び、また、10歳のときに父とともに東京へでると、ドイツ語に力を入れました。そして、2歳たりない年齢をごまかして12歳で東京医学校予科（いまの東京大学医学部）へ進み、医学の道を歩み始めました。このころ、政治家を夢見たこともあったということです。

　医学校を終えた鷗外は、陸軍の軍医となり、22歳の年に軍の命令でドイツへ留学しました。そして、この留学が、小説家鷗外を生みだすことになりました。衛生学の勉強をつづけるかたわら、西洋の文学、哲学、美術、演劇に親しみ、4年ごに帰国して、ドイツで交際した女性をモデルに小説『舞姫』を発表すると、近代人の苦悩をえがいた名作として人びとにたたえられたのです。また、外国の有名な詩を集めた『於母影』や、アンデルセンの小説『即興詩人』なども翻訳出版して、すぐれた文学者としての才能を、世にしめしました。

　しかし、医学を捨てたのではありません。日本人の体にあった衛生学を説き、さらに、帝国大学や陸軍軍医部などが大きな権力をもってきた医学界に反対して、日本の医学の民主的な発展をとなえました。ところが、33歳で軍医学校長に任命された4年ごに、九州の小倉の師団へ行かされてしまいました。軍医

　部への批判が軍のじゃまになり、高い官職にありながら小説を書くことを口実にして、東京を追われたのだといわれています。
　40歳で、やはり軍医としての才能を惜しまれて東京へもどりました。そして、4年ごに軍医総監の地位にのぼると、ふたたび創作を始めました。昼は、総監の仕事を十分に果たし、創作は夜おそくという日課です。やがて、若者の心の苦しみをえがいた『青年』や、学生の淡い恋心をつづった『雁』などを発表して、新しい文明にめざめた人たちを、ひきつけていきました。
　そのごの鷗外は、明治天皇の死に乃木大将夫妻が殉死した事件に心を動かされて、『阿部一族』『寒山拾得』などの歴史小説や、あまり名もない『渋江抽斎』『伊沢蘭軒』などの伝記を発表して、1922年に60歳で亡くなりました。54歳で陸軍をしりぞいてからは、帝室博物館長もつとめています。医学と文学に生きた、大きな生涯でした。

岡倉天心 (1862—1913)

茶道をとおして、日本人の心や日本の文化を外国に紹介した有名な本に『茶の本』があります。岡倉天心は、この名著を著わしただけではなく、明治時代の日本の文化と文明の発展に大きな功績を残した人です。

天心は、江戸時代があと数年で終わろうとするときに、横浜に生まれ、本名を覚三といいました。天心は号です。

幼いころから英語、漢学を学び、やがて家族とともに東京へでた天心は、わずか11歳で東京外国語学校へ入学しました。そして、さらに東京開成学校から東京大学文学部へ進み、このとき、アメリカから日本へきていた哲学者フェノロサに、哲学や文学や美術を学んで、思想と知識を深めていきました。

18歳で東京大学を卒業すると文部省へ入り、音楽取調掛を2年つとめたのち、フェノロサとともに、古い神社や寺院の宝物調査をおこないました。22歳のときに、秘宝とされていた法隆寺夢殿の救世観音菩薩像を見る機会にめぐまれ、たいへん心をうたれたということです。

「東洋の美術は、世界で、もっともすばらしいものだ」

このように確信するようになった天心は、9か月ほど、アメリカやヨーロッパの美術を視察してきたのち、東京美術学校(いまの東京芸術大学)の創立にくわわり、28歳から校長として、学校の経営と学生の指導に力をつくすようになりました。

ところが、8年ごには、校長をしりぞかなければなりませんでした。天心の、自由な考えや強い個性に反対する人びとが現われ、学校を追われたのです。しかし、そのまま、日本の美術

を見捨てるような天心ではありません。なおいっそう心をもやした天心は、美術学校で育てた横山大観、下村観山らをひきつれて、日本美術院をつくり、新たな美術運動を始めました。

39歳のときには、インドへ旅をして、インド独立をめざして戦う人びとに心をよせました。また、3年ごには、招きを受けてアメリカのボストン美術館の顧問をつとめ、さらにそのごも、何度も太平洋、大西洋を越えて、世界じゅうに、日本の美術のすぐれていることやアジアの解放を、となえつづけました。ニューヨークで、英文の『茶の本』を出版したのも、このころです。やはり英文で『東洋の理想』『日本の目覚め』なども著わしています。

自分の思想のために力のかぎり生きた天心は、1913年に50歳の生涯を終えました。味わい深い日本文化をたたえる思想は、いまも『茶の本』のなかに生きています。

長岡半太郎 と 本多光太郎
(1865—1950)　　(1870—1954)

　長岡半太郎と本多光太郎は、明治から昭和にかけて、日本の科学のきそをきずき、その力を世界に示した物理学者です。

　半太郎は、明治時代を迎える3年まえに肥前国（長崎県）で生まれ、やがて父が明治政府の役人になると、家族とともに東京へでて17歳で東京大学（のち帝国大学から東京帝国大学へ改名）の物理学科へ入学しました。

　そのころは科学の世界にあこがれる若者は少なく、卒業するとき物理学科の学生は半太郎ひとりでしたが、半太郎はそのまま大学院へ進みました。とりくんだのは地球の磁気の研究でした。

　28歳のときにドイツへ渡り、3年のちに帰国すると帝国大学の教授になり、地球物理学の研究を始めました。また、本多光太郎や寺田寅彦ら、若い科学者の指導にもあたりました。このころ日本の科学の指導者は、まだ数えるほどだったのです。

　半太郎は、1900年に、磁気歪という磁力の変化の現象を発表して、さらに1903年には「まわりに環をもつ土星のようだ」という原子のしくみを発表、日本の物理学者長岡半太郎の名を世界に広めました。そののちの半太郎は、電波や光学の研究もつづけ、科学の真理を愛し、日本の科学を育てることに力をつくしました。

　本多光太郎は、半太郎よりも5年あとに愛知県の農家で生まれ、小学生のころは農業の手伝いに明け暮れましたが、やがて東京へでて、第一高等中学校から東京帝国大学へ進みました。

　初めは、大学で農業を学ぶつもりでした。ところが、物理学者山川健次郎の「すべての自然科学のきそは物理学にある」と

いうことばにうたれて、物理学の道をえらびました。
　大学院時代に長岡半太郎の指導を受け、卒業ごも磁気歪の研究をつづけましたが、37歳のときにヨーロッパの国ぐにへ留学して、さまざまな金属をつくりだす冶金学を学びました。そして41歳で帰国ごは、東北帝国大学理科大学の教授になり、日曜も祭日も実験室にとじこもって、金属の研究にうちこみました。
　1917年に強力な磁力をもつ鋼鉄のＫＳ鋼、1933年には、さらに強力な新ＫＳ鋼が日本で発明され、世界の鉄鋼会社をおどろかせました。光太郎が、長いあいだの研究をみのらせたのです。
　光太郎は、そのごも金属の研究ひとすじの道を歩みつづけ、その長い道のりのなかで、日本の科学者をたくさん育てました。
　1937年の春、日本の文化の発達に偉大な功績をあげた9名に第1回の文化勲章がおくられましたが、このとき、72歳の半太郎と67歳の光太郎の胸にも、勲章が輝きました。

「読書の手びき」

牧野富太郎

牧野富太郎は、日本人として初めて、日本の植物に名まえを与えた人です。しかも、その命名品種は1000種をこえ、まちがっていた名まえを訂正したり変更したりしたものを加えると、命名総数は3000種以上にも及んでいます。90余年の生涯を植物の研究ひとすじにささげた結晶です。ところが、『日本植物志図篇』全11集のほか『大日本植物志』『日本植物図鑑』などをつぎつぎに著わして、すぐれた業績をあげていたにもかかわらず、大学へ迎えられてからは助教授にもなることができませんでした。人生のほとんどを独学できり開いた富太郎には、学歴がなかったからです。この閉鎖性には、いきどおりをおぼえないわけにはいきません。また、講師であったため収入も研究費も少なく、あるときは、せっかく苦心して集めた植物標本を涙をのんで外国へ売って、生活費を得ようと考えたこともありました。これも、大学での公的な地位にめぐまれていなかったからです。出版費も研究費も、多くは自分の手でつくりだしたはずです。でも、富太郎は、大学での地位の低さなどにはこだわらず、自分の意志だけをたいせつにして研究を続けました。富太郎は55歳で博士号を贈られましたが、この博士号も、初めはどうしても受けようとしなかったということです。富太郎は、日本の植物分類学の研究に多大なものを残しました。でも、それ以上に、日本人に植物についての知識を広めさせた功績のほうが、もっと大きなことなのかもしれません。

豊田佐吉

豊田佐吉は、子どものころ習字とそろばんを習ったていどで、教育らしい教育はほとんど受けていません。機械技術を人に教わったわけでもありません。およそ40年のあいだ、ただひたすらに自分の頭だけで研究を続けて、